LOS POEMAS QUE
SIEMPRE QUISE ESCRIBIR

LOS POEMAS QUE
SIEMPRE QUISE ESCRIBIR

CARLOS AUGUSTO TORRES

Valparaíso
EDICIONES

Número 453 de la Colección VALPARAÍSO DE POESÍA
dirigida por FEDERICO DÍAZ-GRANADOS

Diseño de colección y portada: Chari Nogales

Imagen de portada: Ana Laura Miranda González

Maquetación: Ciclo Creativo

Primera edición: febrero de 2025

© De los poemas: Carlos Augusto Torres

© Valparaíso Ediciones
C/ Fray Leopoldo, 7 bajo, 18014 Granada
www.valparaisoediciones.es

ISBN: 978-84-10073-96-8
Depósito Legal: GR 319-2025

Impreso en España - *Printed in Spain*
Gráficas Gami

LOS POEMAS QUE
SIEMPRE QUISE ESCRIBIR

Amaneció el prójimo hosco como un oso que no halló miel desde el martes.
GERARDO DENIZ

I am no prophet—and here's no great matter;
T. S. ELIOT

mi variada, siempre incierta
navegación.
EUGÉNIO DE ANDRADE

A lo mejor es bueno desesperarse mucho y acostarse temprano.
GLORIA FUERTES

I

Buscar la revelación
en la caja de cereal,
en la cama deshecha,
en la taza sucia.

Descubrir
que la caja sólo es una caja,
la cama vive su vida de cama
y la taza, limpia o sucia, seguirá taza:
sólo eso.

Con las uñas largas,
trato de rascarme la espalda.

Y aunque no llego al centro
de donde nace la comezón,
rasco el contorno.

Así mi nostalgia:
recorro un camino estrecho
cercano a la fuente
de mis blancos estertores.
Pero no puedo llegar
al lugar donde terminan
todos los dientes caídos.

Así mis poemas:
puñados de palabras,
escritos con las uñas largas,
sobre el silencio central
de lo que en verdad quiero decir.

ESCRITO TRAS LARGO
TIEMPO DE NO VER A SU AMANTE

Miro la noche,
espero el amanecer.
Ya canta el mirlo.
¿Regresarán tus manos
a tomarme del pelo?

Mi amor es cuchara,
tina,
alfombra,
almohada,
y recogedor.

Es de cereza,
fresa,
sal,
tierra,
lluvia.

Mi amor es un zancudo suelto,
una mosca sola.

LAS FORMAS DE LA ESPERA

Aguardarle sentido al tiempo, un gimoteo
de lógica
apenas previsto y dispuesto.

Deslumbres de un mensaje secreto. La espera
que se vuelve pan
y hace persistir un vacío
hecho de huecos vacíos.

La forma
no es más que un mapa
visto en distintas vistas
y todas pretenden apuntar
al mismo sitio.

Hay muchas formas de sentarse y no hacer nada,
tantas
de verse los ojos
esperando no mirarse:
tal vez esta vez sí
no haya nadie en el espejo.

Esperar es ahondar una duda,
habitar el margen no propuesto,
evadir
y evadirse.

Alargarse al pronunciar una frase que se sabe fallida,
un verso largo como una vigilia innecesaria y rocosa;
decir nada
en muchas palabras.

Irrestrictamente inútil,
débil, languidecer en un continuo
que se siente falso de lo cierto que es.

Tan auténtico como amanecerse
con un sueño aún más pesado,
un cansancio cargado de sí,
como una deuda insoluble,
lleno de imágenes fofas y trastabillantes,

con una baba pegada en los actos diarios,
un eco de otros hechos menos reales,
de un lugar donde se espera menos y se vive más.

Y sí que hay muchas formas de mirarse las manos,
de hurgarse la nariz como exhumando un secreto
en la luz de un domingo al mediodía.

Las formas
no son más que un solo mapa
que apunta siempre
al mismo sitio.

Un erial ralo,
amplio, asoleado
y azotado por meses a la intemperie violenta,
a la fatiga de los vientos desnudos y fugaces
que se prenden a los brazos como quejidos
de cada vello poseído.

Esperar es explorarse las arrugas,
palparse las venas para sentir la sangre debajo,
rascarse las entrañas
y mirar lo mismo sobre lo mismo

hasta que un tiempo distinto irrumpa
y abra el vergel de los acontecimientos,
como un envidioso mesías
del cual sólo pueden crecer
los arbóreos ejercicios de vuelo
que llamo vida.

ORINAR

El chorrito de pipí
en la madrugada
es el hilo que llega
al origen de todas las cosas.

Es el recordatorio
de que la carne es carne
y la esperan abajo.

Estabas en la mesa,
yo salía del baño,
te sonreí como quien se rinde
a una inminencia.

Respondiste con una alegría
que llenó el restaurante.

Y eso fue todo entre nosotros.

II

Las apariciones y desapariciones
no son otra cosa
que una facultad literaria.

Yo escribo que estás aquí.
Y estás aquí.

XBOX

Las manos asen
un ensueño de luces y disparos,

no sé qué hay en el control:
me hace creer
que mis esfuerzos hacen algo,
que llego a alguna parte,
que tal vez
no sólo es un juego.

Recuerdo cuando era niño
y por días mi amigo era
sólo el Xbox.

En la tele de la casa
vivía más que en los parques
o en los patios.

No sé cuándo me fui de esta otra vida
que me daba la sensación
de habitar una estrella como casa,
de ser yo mismo suficiente
para salvar el mundo,
o por lo menos, mi mundo.

Años después,
tomo el control del ensueño
que habité tanto tiempo.

Toco el botón de encendido,
el Xbox se prende
y el otro mundo surge,

igual a como lo dejé,
esperándome
como si tuviera 13
otra vez.

Xbox,
soy yo,
el mismo niño que albergaste
entre tus formas mágicas y puras,

soy yo,
el mismo,
y de nuevo tengo 13,

y de nuevo juego
a que creo,
que hago algo bueno,
que llego
a algún lugar,

aunque tal vez
todo sí ha sido
sólo un juego

que no supe jugar.

DESBORDE

Hoy soy multitud

La migraña es
lenguaje que no entiendo

No espacio
no tiempo

Sólo refugio

Andando y andando y andando,
llegué primitivo
a una hermosura de vela y espada.

Taciturna como vaso casi vacío
y cansada como cama deshecha.

La hallé sencilla y fulmínea,
era una cariátide alumbrada
por soles agrarios como pecas.

Yo fui de hielo y vidrio,
un bisbiso anudado en la garganta.

Supe de lejanías y ramajes,
de ladridos y caminos.

Pero no de esperar ni de hacer un remolino
de lo calmo.

Palurdo sentimental, ahora
vagamundo a oscuras por la espelunca de los hubieras.

TRAS PENSAR EN LA PROBLEMÁTICA
DE LOS SENTIDOS DESPUÉS DE LA MUERTE

Ojalá haya flores
allá,
donde no llegan mis ojos.

No puedo tratar un acontecimiento común,
como un acontecimiento común.

Quiero creer que lo común
no es que las cosas sean comunes.

«Ordinario, vulgar, frecuente y muy sabido,
bajo, de inferior clase y despreciable»,
dice la RAE.

Pero no, mis sucedáneos días, sencillos,
callados y hasta aburridos
siguen siendo inesperados.

Ni la forma en que a diario me despierto,
un bailable de sábanas y piernas,
hasta cómo descubro que el agua luce igual que ayer
y mañana.

Todo tiene su secreta manera de mostrarse.

Tu pecho,

una ciruela

sinuosa.

Una sonrisa
cerrada.

Poso
de mí.

Éstas sólo son palabras
que uno escribe
porque tiene tiempo.

No quitan el hambre,
ni la sed
ni el frío.

Un verso
no dará dinero,
ni casa,
ni trabajo.

Sólo son palabras,
que sin embargo,
uno escribe.

Nadie sabe decir,
bien a bien,
por qué hacemos todo esto.

III

VACACIONES

Recuerdo el olor de las aguas:
mares, playas, albercas
donde mi sonrisa se desbordaba
e iluminaba la tarde.

Recuerdo el calor en mis brazos
y el salado sudor de la cara.
Arenas que se escurrían entre mis dedos,
mis pies calientes sobre las piedras.

Noches donde mi tristeza
se agotaba en la almohada

Recuerdo mi infancia
como una pestaña perdida,
un deseo olvidado.

A mi casa le nacen grietas.

A veces descubro paredes
o escondrijos, sólo porque vi una fisura
que antes no había visto.

Cada vez veo más.
Pero no me atrevo a resanarlas.

Sólo espero que dure
esta casa donde vivo,
porque es lo único que poseo
y no me pienso mover.

EL ESPEJO

Verse es nacerse.

La mirada descubre
lo que el ojo asume.

Más que isla,
uno es ancla
porque el pensamiento es una mirada
que se ve a sí misma.
Ancla
porque ve el flujo,
mas no fluye.

Pensar es escribir(se)
el interminable papiro
que es todo lo no dicho y retenido
en las estrías de los sesos
y que duró sólo un instante
o la mitad del mismo.

El espejo es un ensayo
porque nos calzamos
el traje que creemos ser,
y el cristal sólo muestra
el eco de la mancha.

En los ojos:
una ventana abierta.

Nunca el mismo,
ni la misma,
o lo mismo.

El espejo es un museo propio,
lejano y familiar,
donde los vellos, las arrugas y los lunares
son el verdadero reflejo
y ellos sólo están siendo
más allá de todo.
Como vidas lejanas de otro lado,
animales que hallamos y viven
independientes al cuerpo
en su bosque cercado de indiferencia.

Habría que aprenderse el sabor de uno,
eso sería un continente rígido
e invariable,
un banquete personal,
que es y será
tal vez
igual.

LA NOCHE SIN LUZ

Al tanteo,
como desnudo,
esperando que llegue,

camino con la mano en las paredes:
ahora habito un naufragio.

De un chispazo,
encuentro más grande mi casa,
más distantes los muebles,
hoscos los libros,
incomprensible el baño.

Me acuesto pensando
porque es lo único
que no necesita luz.

Y no duermo.

DONDE DISCURRE SOBRE EL PORQUÉ DE LA ESPONTANEIDAD CON LA QUE EXPRESA AFECTO

Tal vez sólo retiro el exceso
de un momento que llega a su límite,
una sacudida que nace y brilla
por dentro de todo mi interior.

Puede que no diga nada,
que sólo sea un lapso de no entender,
una traición que me hago en voz alta,
una forma de mentirte y mentirme,
un sentido que se quiebra de tanto que lo uso.

Quizá pronuncio algo
en un idioma que desconozco
pero que llego a entrever
y balbuceo un mensaje oculto.
Un estruendo que se me sube por todas partes,
una manera de invocar a la lluvia,
de gritarle al cielo que aquí estoy
de alguna manera tan tibio
por algo que aún no llego a ver
pero siento girar y revolverse.

No confío en lo que digo,
no sé por qué escribo,
o en qué creo.
Pero hago todo esto
como si supiera que hay algo detrás

que sustenta las maneras diarias
de hacer la vida:
un paso que hace otro,
una palabra que lleva a otra
tejiendo y destejiendo
un poema que aparece y desaparece.

Cuando digo que te quiero
un chasquido de luz,
una rama que cruje,
un golpeteo naranja me alza.
Y yo ya no sé qué soy,
levanto la mirada,
y con un poco de polvo en mis palabras,
camino un poco más,
más allá de la sombra
y te llamo.

Quisiera escribir poemas
y no sólo versos
sobre lo que me inquieta,
o me alegra.

Es tan fácil la angustia
y difícil la risa.

No sé contar versos
ni hacer estrofas.

Busco música en las palabras
y sentido en los sonidos.

Pero yo trato
que mis ideas bailen
y ríen y canten.

Eso es poesía.

Fue una bicicleta vieja
la que te lastimó las piernas
y la espalda.

Anduviste muchos kilómetros
pedaleando por la ciudad.

Yo sé que ibas lejos:
más allá
de lo que conocíamos.

Ibas rápido,
tenías prisa

porque allá te esperaba otra cama,
y era un día soleado.

Llegaste bien,
aunque algo te dolía.

Yo sé que sólo fue la bicicleta.

IV

Hoy extraño tanto el olor de tus axilas,
primario, basal, milenario y profético.

De nuestro primer baile
hasta la primer persona:
a través de civilizaciones,
golpes de estado, monarquías,
tragedias y puños de tierra,
injusticias, espadas,
poemas y hogueras,
todo acodado
en ese ángulo escarpado de tus brazos.

Más tuyo que tu nombre,
tan amplio como los destinos.

Olí y palpé
tiempo encarnado.

Olí y conocí
quién habitaba tu piel.

AL RESPECTO DEL MUEBLE

Quietud
permanencia
ornato

i n a m o v i b l e

enraizado al tedio
entre sueño y polvo

Ser no siendo
                    casi eterno

leve y libre
como el árbol en la maceta

Vi anoche una ciudad en la playa,
navegante de un mar enfebrecido de calma y sueño
con su manto alado de regiones azules.

El escarceo en la costa,
la manera en que dos superficies se tocan,
siempre por primera vez.

Había un ensimismamiento en las rocas
más allá de la costa requemada
por una noche más azul que el mar.

Un suspiro de luz amoratada,
los ojos enervados de sal en las pestañas.
Oía a gentes pronunciar mi nombre
como una letanía en un cuarto amarillo,
alfombrado y con muebles alargados.

No sabía qué hacía ahí,
pero sentía, con una fe extraña
que ahí era donde tenía que estar.

Tal vez sólo vine para ver.
Porque la vida siempre ha empezado con una mirada
a eso que por primera vez aparece.

HULK

Una infidelidad develada
o el retraso del camión,
pueden disparar un denso verdor en mi epidermis,
entonces me sobrevengo ahíto,
tenso como un tomate
orgulloso de ser verde.

Sitiado de mí,
con un coraje púrpura de lances voraces,
en ahogo inasible por todas las venas
que irrigan mi cuerpo
y que ahora puedo distinguir
una por una;

en gran derrame,
berreante como cohete que culmina,
me embriago de un odio puro,
de un licor amargo de piedras y saliva.

Y yo ya no soy yo,
ni mi casa es ya mi casa,
ni mi boca es ya mi boca,
ni mis manos son ya mis manos,
ni mi voz es ya mi voz.

Con ventiscas en las venas,
me revuelco en baba humeante
y cuerpo me falta
para darle forma a mis palabras.

Me domina la sed del grito,
el hambre del desplome.

En un andar a tientas por la locura,
como en risa agónica,
me vuelvo verde
verde
verde.

MAL POETA

Ojalá sea un mal poeta
y escriba versos sencillos
sobre cosas sencillas.

Escribo tu piel
es como agua de horchata.
Y tal vez así sea el poema:
no una metáfora esculpida,
sino la aparición
de lo verdadero.

Escribo para recordarte,
para negarme a decir
que sí
que ahora sí te fuiste

y no quedó
ni el recuerdo
de lo que no fue.

Pero yo también escribo
para decir,
aunque no diga nada,

que no,
no te fuiste y no dejaste
miles de libros
con las páginas vacías
en mi cabeza,
un río de ramas rotas
corriendo por mi carne,
un bosque sonámbulo
y mudo
en mi cuarto,
un frío alado en el mundo.

Yo escribo,
aunque todo esto
no diga ni haga nada.

No hagas ruido:
a mi lado respira la muerte.

Se me sube al cuerpo,
    sombra.

Humedece el pabilo de mis ojos.

De su boca de abismo, un susurro:
    escúchalo.

La muerte está en la cama.

Se me sube al cuerpo,
    sombra.

Y en latente calma
me entrego.

No hagas ruido.

V

Como salir sin llaves
ni teléfono,
de prisa,
sin dinero.

Inmerso en el arrebato:
arrobado en el incendio,
en un extravío del sentido.

Y te juro que trato
de desandar lo dicho y lo pensado,
de ver la vuelta del discurso:
el lado luminoso del insomnio;
buscar el recurso adecuado
para no sacarme las venas
como un largo espagueti
cuyo final es un cuajo rojo,
un nudo suelto.

De verdad que trato
de no hacerme más daño,
de no agarrar más de lo que puedo comer,
no pasarme del crédito,
de medir mis alcances y mis versos,
establecer normas para establecer acuerdos
entre lo que quiero y lo que necesito.

Trato de verme más humano,
un poco más digno cada día,
sin tantas arrugas en el pensamiento,
ni ojeras en la memoria.

Trato de asir la luz,
pero te juro que traigo un huracán en el pecho
y no sé cómo detenerlo.

PULGAS

Trapecistas
incansables en sus saltos
hacia el abismo
de la recámara.

No temimos las ronchas,
ni la temible comezón furtiva.

Entre las sábanas,
poniéndonos pomada,
tú arriba de mí,

dábamos saltos
a otro abismo.

PLÁTANOS MANCHADOS

Una sonrisa
pecosa
oscureciendo.

Quédate así:
que el tiempo
no toque tu boca

y deja
que sea parte
de mi boca.

Tengo una nostalgia
que ni siquiera
es mía.

Qué no daría yo
por esa memoria.

Un bostezo
en otra cama,
una cara extraña
apenas iluminada,
palabras
entrecortadas
de sueño.

Substancias
extrañamente inseparables
pero perdidas.

Qué no daría yo.

A POCOS DÍAS DE UN CUMPLEAÑOS

sin esperarlo

                                                  llega ya el día

               y me descubro desarmado

no concibo estar vivo

    despiertos
entro al agua caliente
               bautizo del diario

me visto con un gesto de confianza
        ajusto el cinturón de mis certezas
               y con mucho gel
peino la mejor cara al mundo
                 calzo una sonrisa cándida

    pero no concibo estar vivo

no sé qué fue
       de los días que han pasado

         adónde fue mi sueño
             de poblar con pasos dorados
         hasta las esquinas de los días?

         adónde
      las ganas de incendiar de risa las noches?

adónde mi afán
de hacer del tiempo una aventura
entre tierras y playas lejanas y cercanas?

adónde el amor por mis padres y los árboles?

ando entre platos y calzones
pelos y pijamas

y no concibo esta vida

odio ya el verso
la página
la pluma terca

pero escribo para decir que escribo
que estoy
a pesar de todo
aquí
escribo para decirme o hallarme

aunque no conciba ninguna de estas cosas

pero llega ya el día
y tengo que hacer
lo que me toca

a veces busco la ternura
en tus manos
en la almohada
o en la chamarra que me regalaste

en ocasiones
distingo los destellos de tus palabras
en la certidumbre de tus dientes
cuando hablas

la punta de dicha
de tu nariz

la amplitud de tu abrazo

y entonces
en voz baja
concibo mi vida

como destellos
de recuerdos
que no sabía
que tenía

Cuando me iba de tu casa
me besabas en el zaguán
con la serena boca de un regreso.

Yo no supe cuándo
ya no volví
y aún tengo el sabor tranquilo,
pero desencajado,
de que no te fuiste,

pero ahora
los zaguanes
me entristecen.

VI

Sigo aquí

como vela de náufrago,
seña de humo,
mástil entre olas.

Atracado en arenas grises,
yo me levanto.

Con los pies entre rocas,
y los ojos sin ojos.

Un día ahogado en sí mismo,
una noche colmada de noche.

Sin geografías, ni Circes,
sólo duermevelas y vigilias,
recuerdos,

aquí.

CODOS

Casi no puedo ver mis codos,
pero sé que siempre están ahí.

Atando mis brazos
como puentes
hacia lo exterior.

Pequeños nudos
que mantienen abierto
un camino.

No sé qué sería
sin esos lazos
que me unen
a lo demás.

ATAQUE DE PÁNICO

De adentro hacia afuera,
como un temblor de 7 para arriba,
siempre desde abajo,
del centro.

Entonces soy todo polvorón,
y mis entrañas son como un extraño mazapán,
aguado, tibio, sin azúcar ni miel:
un licuado gris.

Mi cuerpo hace gárgaras,
todo se me hace chicharrón
o un largo vitral del XVI,
sin colores,
sin santos, sin vírgenes,
sólo la pura fragilidad como insignia
y manera.

Ya no sé si mi sangre sigue siendo roja,
pero supongo que hay algo
que aún camina en las cañerías,
tal vez puro chapopote.

LLORAR

Una hormiga sola me hace llorar,
entrar a la iglesia me hace llorar,
una paloma ocultándose de la lluvia me hace llorar,
abrazar me hace llorar,
creer me hace llorar,
Batman me hace llorar,
los parques vacíos me hacen llorar,
masturbarme me hace llorar,
viajar solo me hace llorar,
las ventanas abiertas me hacen llorar.

Reposo iluminado en mis lagrimales,
lloro ya por el puro placer de llorar,
mar escalonado mis ojos.

Contabas el organigrama de tu familia,
pero entendí poco
por desear el labial
que dejabas en el popote.

Yo soy un rompecabezas
que armo a oscuras
sin instrucciones.

Un *collage* de cosas que encuentro
en la calle, en mis sueños, en los libros,
en el metro, el camión, el museo o el cine.

Un álbum de fotos viejas
que no son mías
ni de nadie.

Un pantalón roto y remendado
parchado y descosido,
vuelto a componer y vuelto a romper.

Soy de papel y de algodón,
pero también de estaño y a veces de mármol.
Un corro revuelto de ancianos y niños.

Yo sólo
no creo en estar quieto ni completo.

TESTIMONIO

Bajaba del puente peatonal
y tres monjas subían
por mi costado izquierdo.

La Madre,
la Hija
y la Espíritu Santa.

—Buenos días.
—Buenos días.
—Buenos días.

Y yo también,
tres santas veces,
Buenos días.

Y qué

llegar acá

para qué

tal vez sea una tomadura de pelo
        o un argumento inventado que frota su espalda
contra la indiferencia

el mutismo del agua en la taza del baño

hallarle sentido a las cosas
        para creer que uno no es un sinsentido

frotarnos las espaldas en conjunto
        y calentarnos en la necedad
con ideas de origen y lugares a los que se llegan

y si de verdad no hubiera nada?
        dormiría en pijama o desnudo?
                dormiría?

Hay una palabra
para cada objeto existente.
Aunque cueste encontrarla,
la hay.

Sólo no sé
si en cada letra caben
tantas y tantas cosas
que digo al nombrarte.

Los edificios caerán un día:

la Torre Latinoamericana,
mi casa,
la tuya,
la universidad.

¿Pero qué pasará con lo demás?
Los pasteles de tres leches,
el agua de horchata,
la Cineteca Nacional,
los besos que me das en la frente,
mis libros y tus libros.
Un mapa de la ausencia.

La casa
que construimos
contra la incertidumbre.
Devorada
por la incertidumbre.

Serán ceniza, ¿mas tendrán sentido?

Y nuestras pieles
que mudan de lugar
y de afición,
serán también
espacios vacíos

donde alguna vez
amamos.

¿Estará también
tu abrazo aún
entre ruinas de cosas
que conocí?

Yo sólo sé
que, aunque nada
haya cambiado,
ya extraño.

LA ALEGRÍA

La señora me dijo que por cinco pesos
obtendría una barra grande de alegría.

Le pagué. Mientras la abría, se deshizo.
Me quedaron migajas alegres en el pantalón:

la alegría está en todas partes.

ÍNDICE